LES RECETTES CHOCOLAT

Tigré

Glace au chocolat au lait

Charlotte chocolat-café

Cocktail arc-en-ciel

Super fondant au chocolat

Roses des sables

Rockettes aux griottes

Hérisson

Cookies au NUTELLA

Show des chocos

Délicieux aux poires

Gâteau papillon

Recette de Carine, 11 ans
Pour 6 personnes
Préparation : 30 min
Cuisson : 18 min

Il te faut →

- 6 œufs
- Gelée d'abricots
- Gelée de framboises
- 1 rouleau de réglisse
- 2 feuilles de papier sulfurisé
- 75 g de poudre d'amandes
- 150 g de sucre
- 75 g de farine

Je préchauffe le four, thermostat 6 (170° C).

1 Je monte les blancs en neige* ferme avec le sucre. J'ajoute les jaunes puis la farine et la poudre d'amandes. Je mélange avec une spatule*.

2 J'étale la pâte en fine couche sur 2 plaques recouvertes de papier sulfurisé*.

18 min

3 Une fois refroidi, je décolle délicatement le papier. Je coupe les 2 rectangles en 2.

4 Je nappe 2 rectangles avec la gelée de framboises et 2 rectangles avec la gelée d'abricots.

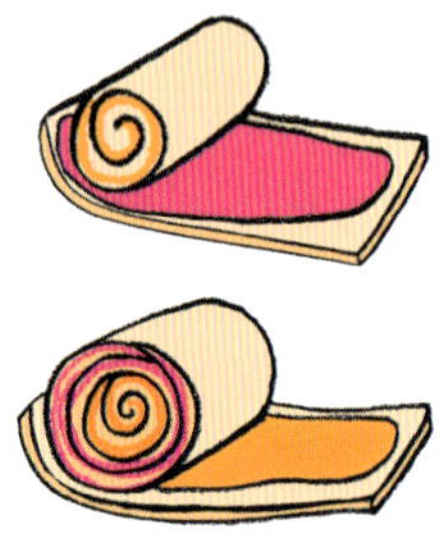

5 En premier, je roule sur lui-même le rectangle à l'abricot. Je le pose sur un rectangle à la framboise et continue à rouler. Je pose le roulé sur un troisième rectangle à l'abricot et roule à nouveau. Je roule à part le dernier rectangle à la framboise.

6 Je coupe le gros rouleau et le petit rouleau chacun en deux et je construis mon papillon.

Le secret de Carine

Sur un grand plat, je dispose en haut les deux grands roulés. Je dispose en dessous les deux petits roulés. Je fabrique les antennes avec des fils de réglisse.

Le grain de sel du chef

Pour bien réussir ce gâteau, il est important que le biscuit ne soit pas étalé trop épais.

Tigré

Recette de Chiara, 9 ans 1/2
Pour 6 personnes
Préparation : 30 min
Cuisson : 25 + 10 min

Il te faut →

- Sucre : 75 g + 75 g
- 3 (œufs)
- Cacao poudre : 30 g
- Lait : 15 cl
- 1 (citron)
- Farine : 180 g
- Beurre : 150 g
- Levure : 1 sachet

Je préchauffe le four, thermostat 6 (180° C).

1 Je bats les jaunes avec 75 g de sucre jusqu'à ce que le mélange blanchisse. J'ajoute le beurre puis la farine, la levure et le lait.

2 Je monte* les blancs en neige très ferme. Je leur ajoute 75 g de sucre. Je les incorpore délicatement au mélange précédent.

3 Je râpe le zeste* du citron.

4 Je divise la pâte en 2 parties égales.

5

Dans l'une, j'ajoute la poudre de chocolat ; dans l'autre, le zeste* de citron.

6 Je beurre et je farine un moule rond. Je verse à la cuillère alternativement les 2 pâtes en formant des cercles à partir du centre, puis j'enfourne.

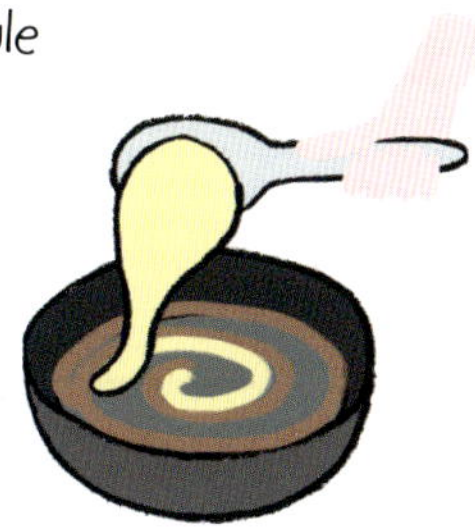

25 minutes puis encore 10 minutes dans le four éteint.

Le secret de Chiara

On peut aussi se mettre à deux pour bien répartir les deux pâtes chacun son tour.

Le grain de sel du chef

La poudre de cacao permet de parfumer la pâte sans l'alourdir.

Savarin

Je préchauffe le four, thermostat 5 (160° C).

1 Je caramélise le moule à savarin préalablement beurré.

2 Je mélange 150 g de sucre, les œufs et l'eau chaude. J'ajoute ensuite la Maïzena*, la farine, le sel et la levure.

Je travaille la pâte*. Quand elle est lisse, je la verse dans le moule caramélisé, et j'enfourne.

30 min

3 J'égoutte* les fruits à l'aide d'une passoire. Je recueille le jus dans un verre et je réserve les fruits.

4 Je coupe la pomme en 4 et je l'évide pour former des barques. Je les fais revenir avec 20 g de beurre et 20 g de sucre.

5 J'étale la pâte d'amandes et la taille en triangles fins. Je plante un cure-dents au milieu de chaque barque en pomme et je fixe la voile en pâte d'amandes dessus.

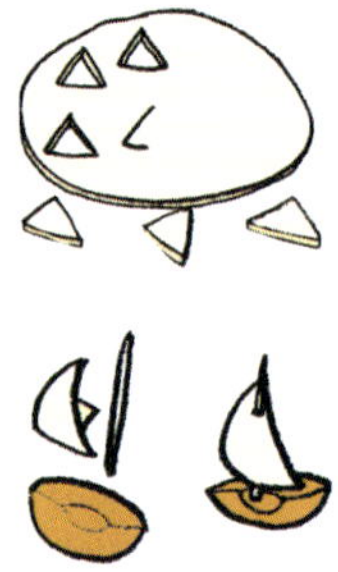

6 J'imbibe* le savarin avec le sirop des fruits.

Le secret de Nicolas

Je dispose les fruits au centre de la couronne et les barques en pommes par dessus.

Le grain de sel du chef

La salade de fruits peut aussi être composée avec des fruits frais de saison.

Glace au chocolat au lait

Recette de Mattéo, 8 ans
Pour 4 personnes
Préparation : 15 min
Cuisson : 5 min

Il te faut →

- PRALINES 100g
- LAIT 50 cl
- jaunes d'oeufs
- SIROP D'AGAVE 50g
- CHOCOLAT NOIR À DESSERT 200g

1 Je fais bouillir le lait.

2 J'ajoute le chocolat en morceaux et je le fais fondre.

3 Hors du feu, j'ajoute les jaunes d'œufs, le sirop et je mixe.

4 Dès que le mélange est bien lisse, je le passe au travers d'une passoire.

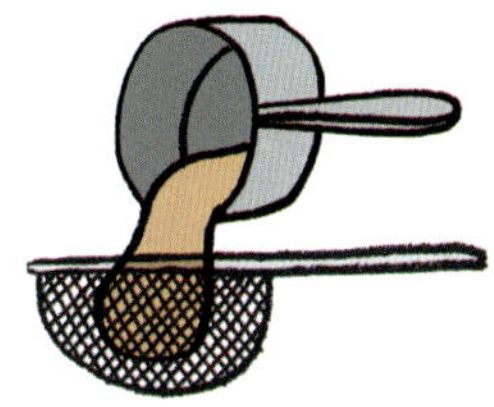

5 Je laisse refroidir avant de verser dans une sorbetière*. Je réserve* au congélateur.

6 Au moment de servir, je moule 4 boules de glace au chocolat au lait. Je décore avec les pralines.

Le secret de Mattéo

J'aime bien aussi manger cette glace avec des crêpes dentelles.

Le grain de sel du chef

Le sirop d'agave* peut être remplacé par du sirop d'érable ou du miel. Cette glace se marie très bien avec la mangue ou la banane.

Milk-shake à la fraise

Recette de Katie, 8 ans 1/2
Pour 4 personnes
Préparation : 10 min

1 Je mets les fraises dans une passoire et les passe rapidement sous l'eau tout en les remuant avec la main. Je les égoutte* sur du papier absorbant et les équeute. Je réserve* 3 belles fraises à part.

2 Je mixe les fraises avec le jus de citron. J'ajoute la crème fraîche et fais tourner encore 1 minute.

3 Je verse le mélange dans un autre pot.

4 Je mixe la glace à la vanille, le lait et le sirop de fraise pendant 30 secondes.

5 Je mélange les deux préparations et verse le milk-shake dans des verres hauts.

Le secret de Katie

Je fends les fraises réservées en deux et les pique sur le rebord du verre.

Le grain de sel du chef

Ce milk-shake peut être préparé à l'avance et gardé au frais. On peut aussi lui ajouter des glaçons.

Charlotte chocolat-café

Recette de Zoé, 10 ans
Pour 6 personnes
Préparation : 25 min
Attente : 6 heures

Il te faut →

1 Je fais fondre le chocolat*.

2 Je fais bouillir la crème fraîche dans laquelle j'ajoute le café espresso. Je verse la crème au café sur le chocolat fondu. Je mélange.

3 Je monte* les blancs en neige et ajoute le sucre progressivement. J'ajoute ensuite les jaunes, tout en continuant à fouetter.

4 Je verse délicatement la crème chocolat-café sur les blancs et je mélange avec une spatule*.

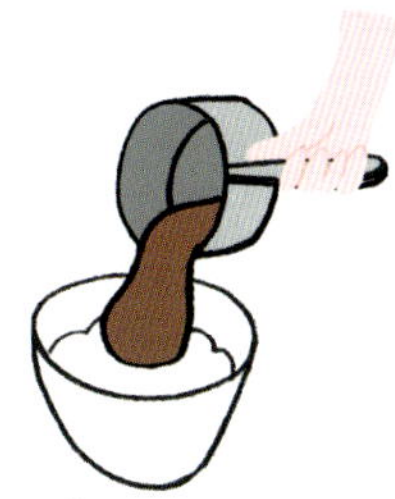

5 Je pose un papier sulfurisé* dans le fond et sur les parois d'un moule à charlotte.

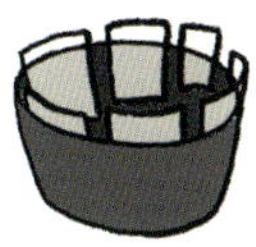

6 J'imbibe* légèrement le dessous de chaque biscuit dans le café sucré. Je les range serrés contre la paroi du moule.

7 Je verse la mousse au milieu.

 6 h

Le secret de Zoé

S'il reste des biscuits, je les range sur le dessus de la charlotte pour qu'ils se retrouvent au fond quand je démoule.

Le grain de sel du chef

Cette mousse peut être servie individuellement dans des verrines* avec des petits dés de biscuits imbibés de café posés au dernier moment.

Tarte aux pommes caramélisées

Je préchauffe le four, thermostat 6 (170° C).

1 Je mélange ensemble la farine, 20 g de sucre, le sel, 125 g beurre, l'œuf et l'eau froide.
Je rassemble la pâte en boule, et je l'enveloppe dans un film alimentaire*.

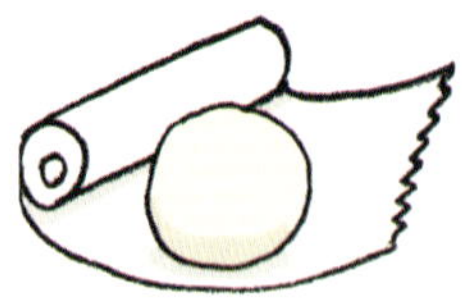

1 h

2 J'épluche les pommes et les coupe en quartiers.

3 Dans une cocotte, je mets 100 g de beurre, 100 g de sucre et la gousse de vanille fendue.

4 Je laisse mousser le beurre puis dispose les pommes. Je recouvre et vérifie la coloration en retournant les pommes avec une spatule*.
Je les retire du feu lorsqu'elles sont dorées.

5 J'étire la pâte reposée au rouleau. Je la pique avec une fourchette et la dépose dans un moule à tarte.
Je laisse reposer la pâte encore 30 minutes avant de la cuire.

10 min

6 Je range les pommes caramélisées sur la pâte pré-cuite.

15 min

Le secret d'Ophélie

En sortant du four, j'arrose les pommes avec le reste du caramel déposé dans le fond de la cocotte.

Le grain de sel du chef

Pour ne pas avoir à attendre, la pâte à tarte peut être préparée la veille.

Cocktail arc-en-ciel

1

Je fais bouillir le lait avec la gousse de vanille fendue. J'ajoute le chocolat blanc en morceaux et je le fais fondre. Je retire la vanille et je mixe pour que le mélange soit homogène.

20 min

2

Je lave le bol du mixer. Je passe les fraises sous l'eau. Je les équeute*. Je les coupe en deux et les mets dans le bol du mixer. J'ajoute 2 cuillères à soupe de sirop d'agave* et je mixe.

3

Je lave à nouveau le bol du mixer. J'épluche l'ananas, le coupe en morceaux et le mets dans le bol du mixer. J'ajoute 2 cuillères à soupe de sirop d'agave* et je mixe.

4

Dans des verres à cocktail, je verse d'abord le sirop d'ananas. Je verse ensuite délicatement le sirop de fraises en veillant à ce que les deux sirops ne se mélangent pas.

5

J'ajoute la crème liquide au chocolat blanc refroidi et je monte la crème* en chantilly. J'en garnis chaque verre et décore avec une feuille de menthe.

Le secret de Coralie

La pulpe des fruits ne doit surtout pas être mélangée avec de l'eau pour éviter qu'elle se dilue l'une dans l'autre.

Le grain de sel du chef

On peut rajouter sur la chantilly quelques copeaux de chocolat blanc pour décorer. On peut également créer un étage de fruit supplémentaire en ajoutant, après la fraise, un sirop de kiwi.

Gâteau princesse

Recette d'Angelina, 12 ans
Pour 6 personnes
Préparation : 1h
Cuisson : 25 min

Il te faut →

Je préchauffe le four, thermostat 6 (180° C).

1 Je mélange 200 g de beurre ramolli*, 180 g de sucre et les 3 œufs. J'ajoute ensuite la farine et la vanille. Je verse dans un moule en verre demi-sphérique beurré et fariné.

25 min

2 Je mélange les 4 jaunes avec le sucre et la Maïzena*. J'ajoute le lait bouillant et je fouette. Je remet ce mélange dans la casserole et laisse bouillir quelques minutes tout en fouettant.

Je verse la préparation dans le bol du mixeur. J'ajoute petit à petit 150 g de beurre et mixe jusqu'à refroidissement.

3 Je coupe le gâteau en 3. Je garnis chaque étage de crème et de framboises fraîches. Je reconstitue le dôme et masque entièrement avec la crème.

4 Pour faire la robe, j'étale au rouleau la pâte d'amandes rose et j'en recouvre le gâteau. Ensuite, je découpe à l'emporte-pièce des fleurs dans la pâte blanche. Je les utilise pour décorer la robe.

Le secret d'Angélina

J'enroule le bas du corps de la poupée avec du film alimentaire* et le pique dans le gâteau. Je lui fais un bustier en pâte d'amandes et décore la robe avec les perles en argent.

Le grain de sel du chef

D'origine suédoise, ce gâteau Princesse est traditionnellement de couleur verte. On peut l'imaginer avec des parfums de noix de coco et de citron.

Super fondant au chocolat

Recette de Max, 9 ans
Pour 4 personnes
Préparation : 20 min
Attente : 24 heures

Il te faut →

200g

100g

300g

2 tranches

Pain d'épices

6 jaunes
4 blancs

eau tiède

1 Je coupe les écorces d'orange en petits dés.

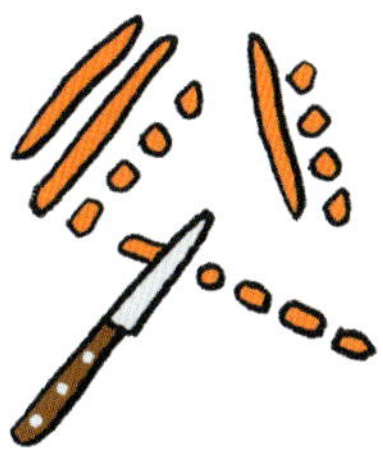

2 Je mixe le pain d'épices avec une cuillère d'eau tiède pour le réduire en miettes.

3 Je fais fondre le chocolat*. J'ajoute le beurre ramolli* en remuant doucement.

4 Dès que le chocolat est lisse, j'ajoute les 6 jaunes puis les miettes de pain d'épices et les dés d'orange confite.

5 Je monte* les 4 blancs en neige ferme et je les ajoute au chocolat. Le mélange doit être bien homogène.

6 Je recouvre l'intérieur d'une terrine rectangulaire de film alimentaire*. Je verse ma préparation.

 24 h

Le secret de Max

Les tranches se découpent mieux avec une lame de couteau passée sous l'eau chaude.

Le grain de sel du chef

Pour une recette sans gluten, on peut supprimer le pain d'épices et mettre un peu plus d'orange confite.

Bille de clown

Je préchauffe le four, thermostat 6 (170° C).

1 Je fais fondre le beurre quelques secondes dans le micro-ondes puis le retire.

2 Je zeste* le citron.

3 Dans un bol, je mélange ensemble le yaourt, le sucre, les œufs puis le beurre fondu, le sucre vanillé, le sel et le zeste* de citron. J'ajoute en dernier la farine et la levure.

4 J'épluche les poires et les coupe en dés. Je les fais cuire dans une poêle anti-adhésive* pour évaporer le jus puis je les laisse refroidir sur une assiette.

5 Je beurre et je farine un moule rond. Je verse la moitié de la pâte et répartis les dés de poires par-dessus. Je verse ensuite le reste de la pâte et j'enfourne.

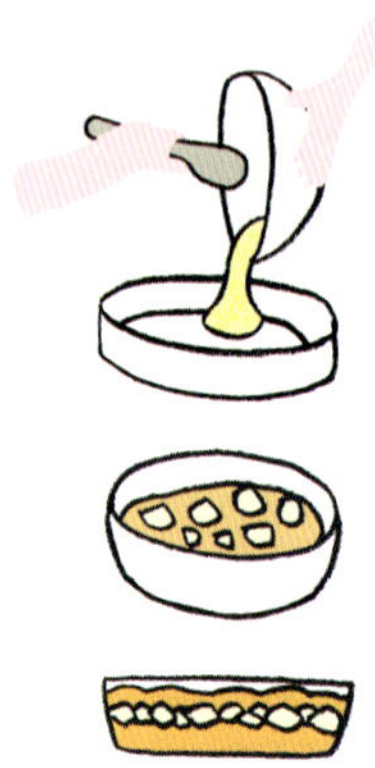

35 min

6 Je démoule le gâteau et j'attends qu'il refroidisse pour le décorer.

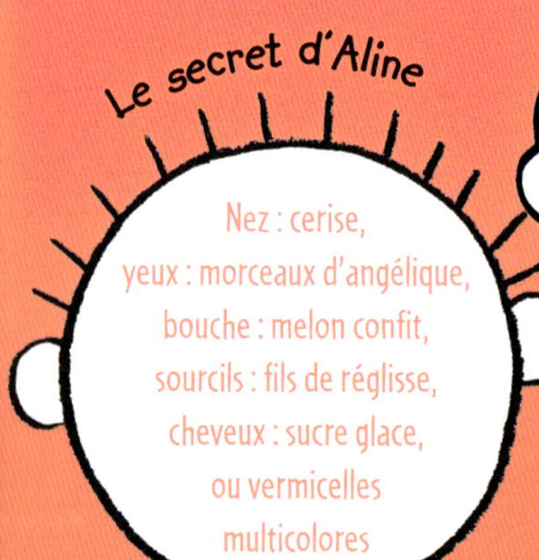

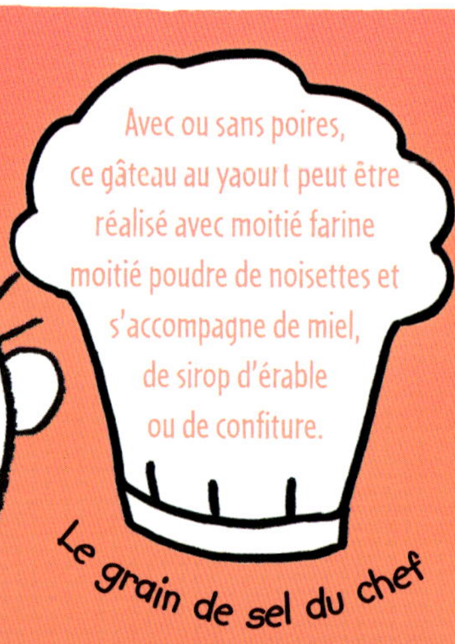

Roses des sables

Recette de Fanny, 8 ans
Pour 6 personnes
Préparation : 15 min
Attente : 30 min

Il te faut →

1 Je casse le chocolat au lait en morceaux et je le fais fondre* à feu doux.

2 Je répète la même opération avec le chocolat blanc.

3 Je verse 100 g de pétales de maïs dans un saladier, j'ajoute une pincée de sel, puis je verse le chocolat au lait par-dessus. Je remue à la spatule*.

4 Je répète la même opération avec le chocolat au lait.

5 Sur une plaque ou un plat, j'étale un papier sulfurisé* ou un papier aluminium. Je dispose des petits tas de roses des sables, les unes au chocolat blanc, les autres au chocolat au lait.

 30 min

Le secret de Fanny

Je saupoudre de sucre glace avant de les manger.

Le grain de sel du chef

Pour ceux qui aiment le goût de chocolat plus corsé, on peut utiliser du chocolat noir.

Banoffee

Recette de Benjamin, 11 ans
Pour 4 personnes
Préparation : 15 min
Cuisson : 35 min
Attente : 15 + 15 min

Il te faut →

- 1 citron
- 75 g beurre 1/2 sel
- 25 cl crème liquide
- 2 cuil. soupe sucre
- 1 paquet Speculoos
- 3 bananes
- 1 boîte lait concentré sucré 400 g
- cacao poudre

1 J'immerge la boîte de lait concentré fermée dans une cocotte minute remplie aux ¾ d'eau. Je referme la cocotte. Je fais cuire 35 minutes après le sifflement de la soupape. Très important : je laisse refroidir la boîte avant de l'ouvrir.

2 Je réduis en miettes les biscuits. J'ajoute le beurre fondu et je mélange. Je répartis dans des coupes ou des verrines*.

15 min

3 Je presse le jus du citron.

4 J'épluche et coupe les bananes en rondelles. Je verse le jus de citron sur les bananes et je réserve*.

5 Je monte la crème froide avec le sucre.

6 Je dispose les rondelles de bananes sur les miettes de Speculoos. Je nappe avec la confiture de lait.

Je pose la crème fouettée par-dessus et saupoudre de poudre de cacao.

15 min

Le secret de Benjamin

J'ajoute parfois, lors du mélange une cuillère de Mascarpone à la crème fouettée.

Le grain de sel du chef

Banoffee est la contraction de « banane » et de « toffee » (caramel anglais). La confiture de lait peut être préparée à l'avance ou achetée toute faite.

Rockettes aux griottes

Je préchauffe le four, thermostat 6 (180° C).

1 Dans un récipient, je mets le sucre, le beurre fondu et les œufs.

2 J'ajoute la farine, le lait, la levure, le sel et je bats.

3 Je coupe le chocolat blanc en petits éclats.

4 J'égoutte* les griottes.

5 J'ajoute le chocolat et les griottes à la pâte.

6 Je verse la préparation dans des caissettes en papier* ou sur une plaque à muffins. J'ajoute quelques griottes sur le dessus.

20 min

Le secret de Natalia

Je peux remplacer les griottes par des cerises fraiches saupoudrées d'une cuillère à soupe de sucre roux.

Le grain de sel du chef

On peut aussi ajouter une pincée de cannelle et de muscade râpée pour parfumer.

Délice de l'écureuil

Recette de Bruno, 10 ans 1/2
Pour 6 personnes
Préparation : 30 min
Cuisson : 30 min

Il te faut →

- Sucre : 180 g
- 100 g noix
- 100 g noisettes
- 1 noisette entière
- Farine : 125 g
- Levure : 1 sachet
- 2 pincées (sel)
- 4 (œufs)
- Beurre : 150 g
- Crème liquide : 15 cl
- Sucre glace : 50 g

Je préchauffe le four, thermostat 6 (180° C).

1 Je verse les noix et les noisettes dans le bol du mixeur. Je les réduis en poudre.

2 Dans un saladier, je mélange le sucre, le sel, les jaunes d'œufs. J'ajoute les poudres de noix et de noisettes, le beurre fondu puis la farine, la levure et enfin la crème.

3 Je monte les blancs en neige* ferme et les incorpore délicatement au mélange avec une spatule*.

4 Je beurre et farine le moule à manqué*, je verse la pâte et j'enfourne.

30 min

5 Pendant ce temps, je découpe la forme d'un écureuil dans une feuille de papier ou un carton. Je décore quand le gâteau est démoulé et refroidi.

Je pose mon pochoir et saupoudre l'écureuil de sucre glace.

Le secret de Bruno

J'ajoute une noisette entière pour marquer l'œil de l'écureuil

Le grain de sel du chef

On peut fourrer ce gâteau d'une crème au beurre faite en fouettant au batteur 150 g de beurre mou, 100 g de sucre, 2 cuillères à soupe d'eau et 1 goutte d'extrait de café.

Hérisson

Recette de Fiona, 10 ans
Pour 6 personnes
Préparation : 1 heure
Cuisson : 20 min

Il te faut →

- 120 g SUCRE
- 4 (œufs)
- 12 cl crème fraîche
- 2 grains de mimosa
- 125 g CHOCOLAT NOIR À DESSERT
- 1 cuil. à café EXTRAIT DE CAFÉ
- 75 g amandes effilées
- 75 g FARINE
- 75 g MAIZENA
- 25 g BEURRE
- 5 g CANNELLE
- 20 cl SIROP D'ORGEAT
- 1 cerise confite

Je préchauffe le four, thermostat 6 (180° C).

1 Je monte* les blancs en neige et ajoute le sucre progressivement. J'ajoute ensuite les jaunes. Je mélange le tout au fouet électrique pendant 30 secondes. J'ajoute la farine, la Maïzena* et la cannelle et mélange à la spatule.

2 Je beurre et je farine un saladier en pyrex arrondi. Je verse la préparation dans le saladier et j'enfourne.

20 min

3 Je fais fondre le chocolat*. Quand il est liquide, je le verse dans un saladier. J'ajoute la crème bouillie encore chaude, l'extrait de café puis le beurre. Je mélange le tout. Je réserve à température ambiante.

4 Je démoule le gâteau et le laisse refroidir. Je le coupe en deux et j'étale la moitié de la ganache* au milieu. Je recouvre avec l'autre partie du gâteau.

5 Avec un pinceau, j'imbibe* le dessus avec le sirop d'orgeat et recouvre tout le gâteau avec le reste de la ganache* au chocolat.

Le secret de Fiona

Je dispose les amandes sur le hérisson. Les deux grains de mimosa pour les yeux et la cerise confite pour le nez.

Le grain de sel du chef

Les amandes sont meilleures dorées un peu au four avant de les disposer.

Meringues aux myrtilles

Recette de Maxime, 10 ans
Pour 4 personnes
Préparation : 15 min
Cuisson : 3 heures

Il te faut →

Je préchauffe le four, thermostat 3 (90° C).

1 Dans un bol, je monte les blancs en neige* avec le batteur électrique. J'ajoute le sucre petit à petit. Les blancs doivent être fermes.

2 Sur une plaque allant au four, je pose une feuille de papier sulfurisé* beurrée et farinée. Avec une cuillère, je dépose les blancs en petits tas. Avec la pointe d'un couteau, je les étire en forme d'étoiles. Je les saupoudre de sucre glace.

3 h

3 Peu de temps avant de servir, je monte* la crème au fouet électrique. J'ajoute le sucre glace et quelques gouttes de jus de citron.

Je réserve* au frais.

4 Je garnis chaque meringue* de crème fouettée. J'ajoute les myrtilles fraîches et je recouvre avec une autre étoile. Je saupoudre chaque étoile de sucre glace avant de servir.

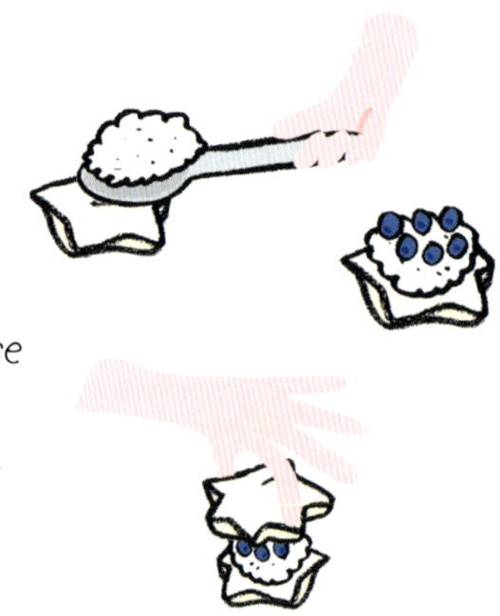

Le secret de Maxime

J'ajoute une pincée de sel dans les blancs avant de les fouetter pour qu'ils montent* bien sans faire de grain.

Le grain de sel du chef

Selon la saison, on peut remplacer les myrtilles par des fraises, des framboises ou des mûres.

Cookies au NUTELLA

Recette d'Éliot, 9 ans
Pour 6 personnes
Préparation : 15 min
Cuisson : 12 min

Il te faut →

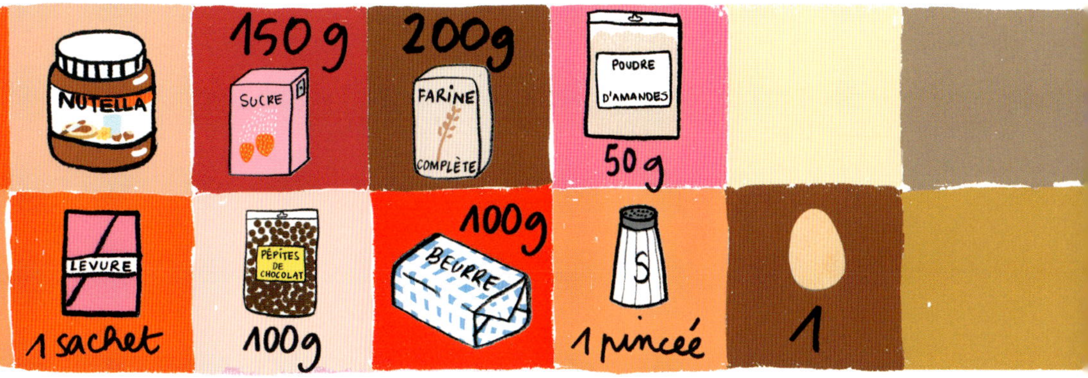

Je préchauffe le four, thermostat 5 (150° C).

1 Dans un bol, je mélange le sucre, l'œuf et le beurre. J'ajoute ensuite la farine, la poudre d'amandes, la levure et la pincée de sel.

2 J'étale la pâte avec un rouleau à pâtisserie sur 3 millimètres d'épaisseur. Je découpe de larges ronds avec un emporte-pièce* ou un verre (environ 5 centimètres de diamètre).

3 Je compte le nombre de ronds et en mets la moitié de côté. Avec une cuillère à café, je pose une pointe de pâte à tartiner au centre de chaque rond gardé.

4 Je recouvre ces mêmes ronds avec les autres ronds conservés en appuyant bien sur les bords.

5 Je les pose sur une plaque anti-adhésive allant au four. Je répartis les pépites de chocolat sur chaque cookie, puis j'enfourne.

12 min

Le secret d'Eliot

Je passe un pinceau mouillé à l'eau sur le rebord de la pâte pour que les deux ronds se collent bien.

Le grain de sel du chef

Il est préférable de bien espacer chaque cookie sur la plaque pour qu'ils ne se collent pas les uns aux autres pendant la cuisson.

quatre-quarts au citron

Je préchauffe le four, thermostat 6 (180° C).

1 Je zeste* 1 citron et presse son jus. Je les garde à part. Je zeste* ensuite les 2 autres citrons et presse leur jus.

2 Dans le bol du mixeur, je mets le beurre mou coupé en morceaux, le sucre, les œufs, le jus et le zeste* du premier citron. Je mixe 10 secondes à petite vitesse. J'ajoute progressivement la farine, la levure, le sel. Quand le mélange est lisse, je verse le lait.

3 Je beurre et farine le moule à cake et verse la pâte dans le moule beurré, puis j'enfourne.

25 min

4 Pendant ce temps, je chauffe à feu doux les jus des 2 citrons et leurs zestes*. J'ajoute le sucre glace et remue pour obtenir un sirop épais.

5 Je démoule le quatre-quarts et l'imbibe* de sirop à l'aide d'un pinceau.

5 minutes dans le four éteint.

Le secret de Marion

J'utilise des citrons non traités*.

Le grain de sel du chef

Avant d'imbiber* le quatre-quarts avec le sirop, on peut le napper d'une cuillère de gelée à l'abricot diluée dans une cuillère à soupe d'eau.

Show des chocos

Recette de Coralie, 10 ans
Pour 6 personnes
Préparation : 1 heure
Cuisson : 25 min

Il te faut →

Je préchauffe le four, thermostat 6 (180° C).

1 Je sépare les blancs des jaunes. Dans un saladier, je bats les jaunes et le sucre jusqu'à ce que le mélange blanchisse.

2 Je fais fondre le chocolat* au lait. J'ajoute le beurre coupé en morceaux. Je verse le chocolat fondu sur les jaunes et le sucre mêlés.

3 J'ajoute progressivement la farine.

4 Je monte* les blancs en neige ferme et les incorpore délicatement au mélange. Je beurre et farine un moule rond et j'y verse la préparation avant d'enfourner.

25 min

5 Je fais fondre le chocolat* noir pour le glaçage*. J'ajoute le lait bouilli encore très chaud. Je réserve*.

6 Je fais fondre le chocolat* blanc. Sur une feuille de papier sulfurisé*, j'étale le chocolat.

15 min puis je découpe des étoiles.

Le secret de Coralie

Je masque entièrement le gâteau avec le chocolat noir et pique les étoiles en chocolat blanc dessus.

Le grain de sel du chef

Pour ne pas abîmer les étoiles, il est préférable de percer le glaçage* de chocolat avec la pointe d'un couteau passé sous l'eau chaude.

Neige de barbe à papa

1  Je fouette les 6 jaunes et 75 g de sucre.

2 Dans une casserole, je fais bouillir le lait avec la gousse de vanille fendue. Je verse 60 cl de lait chaud sur le mélange jaunes et sucre.

3 Je maintiens sur le feu sans laisser bouillir et en remuant sans arrêt. Lorsque la crème nappe la spatule, la crème anglaise est prête.

15 min

4 Je fais dorer les amandes effilées sur une plaque au four (position grill). Je surveille leur coloration.

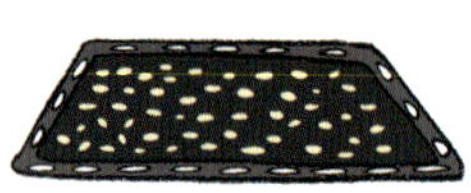

5 Dans une casserole, je fais bouillir ensemble l'eau et 40 cl de lait. Je baisse le feu et maintiens un léger frémissement.

6 Je monte les 4 blancs en neige* très ferme et incorpore 150 g de sucre, le sirop de barbe à papa et le sel.

7 Avec une cuillère à soupe, je moule des quenelles* et les dépose sur le liquide. Je laisse cuire quelques minutes les oeufs à la neige, tout en les retournant régulièrement. Quand ils sont fermes, je les égoutte* sur du papier absorbant.

Le secret d'Alice

Dans des verrines*, je verse un peu de crème anglaise, pose les œufs à la neige et décore avec les amandes effilées*.

Le grain de sel du chef

On peut remplacer le sirop de barbe à papa par un sirop de grenadine et en verser quelques gouttes sur les œufs en neige.

Délicieux aux poires

Recette de Johann, 10 ans
Pour 6 personnes
Préparation : 30 min
Cuisson : 45 + 15 min

RICHE EN FRUITS

Il te faut →

- 125 g (beurre)
- 125 g (chocolat noir à dessert)
- 1 verre d'eau
- 75 g (poudre d'amandes)
- gousse de vanille
- 4 (œufs)
- 3 (poires)
- 125 g + 100 g (sucre)
- 1 cuil. soupe (farine)

Je préchauffe le four, thermostat 5 (150° C).

1 Je fais fondre le chocolat* et le verse dans un saladier. J'ajoute le beurre ramolli* et je bats vigoureusement. J'ajoute ensuite les jaunes d'œufs, 125 g de sucre, la farine et la poudre d'amandes.

2 Je monte* les blancs en neige ferme. Je les incorpore délicatement au chocolat avec une spatule*.

3 Je beurre un moule à manqué* et je pose une rondelle de papier sulfurisé* dans le fond.

4 Je verse la pâte dans le moule, puis j'enfourne.

45 min

5 Je pèle et coupe en 4 les poires. Je les fais cuire dans un sirop vanillé, soit un verre d'eau, une gousse de vanille et 100 g sucre.

6 Je recoupe les poires en tranches comme pour une tarte.

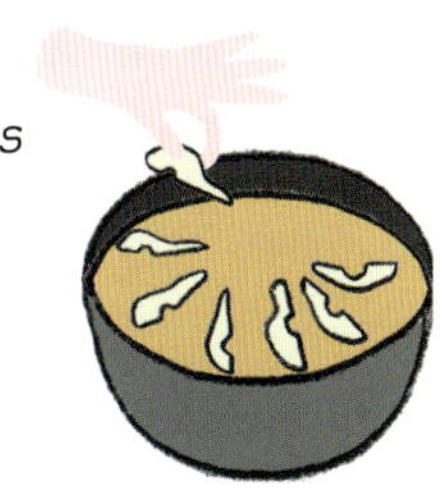

7 J'arrange les tranches de poires en éventail sur le dessus du gâteau à moitié cuit.

15 min

Le secret de Johann

Au sortir du four, j'imbibe* le gâteau avec le sirop de cuisson des poires. Je laisse refroidir avant de déguster.

Le grain de sel du chef

Pour un gâteau sans gluten, on peut remplacer la farine par 75 g de fécule de pommes de terre.

LES RECETTES DESSERTS

Neige de barbe à papa

quatre-quarts au citron

Meringues aux myrtilles

Délice de l'écureuil

Banoffee

Bille de clown

Gâteau princesse

Tarte aux pommes caramélisées

Milk-shake à la fraise

Samarin

Gâteau papillon